विविधा
विभिन्न विषयों पर धार-प्रहार

रीना चौधरी

notionpress
.com
INDIA · SINGAPORE · MALAYSIA

Notion Press Media Pvt Ltd

No. 50, Chettiyar Agaram Main Road,
Vanagaram, Chennai, Tamil Nadu – 600 095

First Published by Notion Press 2021
Copyright © Rina Choudhary 2021
All Rights Reserved.

ISBN 979-8-88521-263-2

समर्पण

यह पुस्तक श्रद्धापूर्वक मैं अपने पिताजी को समर्पित
करती हूँ

स्वर्गीय काली कुमार दास

काव्य - क्रमिका

E-

सामाजिक - विचारात्मक

F-

देशभक्ति - ओज

G-

समसामयिक - मोदी

द्रष्टव्य

मुझे बहुत हर्ष है कि मुझे श्रीमती रीना चौधरी की काव्य पुस्तक "विविधा" की समीक्षा लिखने का सौभाग्य प्राप्त हुआ। यह एक बहुमूल्य कविता संग्रह है। गणेश, सरस्वती एवं विश्वकर्मा जी की वंदना से प्रारंभ इस काव्य संग्रह में नारी-शक्ति, जीवन व्यापन, सामाजिक मूल्यों व राष्ट्रीयता को सम्मिलित किया गया है। ऐसा प्रतीत होता है जैसे एक धागे में अनेकों मोती पिरो दिए गए हैं। यह पुस्तक जिसके हाथों में जाएगी उसका सौभाग्य होगा कि उसे नारी की महानता और उदारता का चित्रण चन्द लाइनो में पढ़ने को मिल जाएगा।

इस पुस्तक में नारी को अबला नहीं अपितु सबला और कर्मठ दर्शाया गया है। माँ की ममता, भाभी की भूमिका एवं बेटी को बुढ़ापे की लाठी बताकर कवियित्री ने नारी चरित्र को उजागर किया है। कवियित्री के अनुसार नारी की स्वयं एक पहचान होती है, विवाह के बाद उसके जीवन साथी को उसकी पहचान बरकरार रखनी चाहिए एवं उसके व्यक्तित्व को कभी ठेस नहीं पहुँचानी चाहिए। घर एक मंदिर है, नारी उसे सजाती है, शिक्षा के पंख के साथ अब नारी ऊँची उड़ान भरने को तैयार है। कवियित्री ने मन के उद्गारों को सफलता से आँचल, पाँव पाजेब, यादों के झोंको, किलकारी जैसे चुनकर सजाए शब्दों द्वारा बहुत उदारता से प्रस्तुत किया है।

गुल्लक, कृषक, मनोबल, समय के पाँव एवं प्रीत की डोर के द्वारा अद्भुत उद्गार व्यक्त किए गये हैं। आया नया विहान, नव कामना, ऊषा के द्वारा कवियित्री ने प्रकृति की सुन्दरता का बखूबी वर्णन किया है। समाज की विषमताओं के बहुचर्चित विषयों को भी

इस पुस्तक में सुन्दर रूप में प्रस्तुत किया गया है। भारतरत्न डॉ राजेन्द्र प्रसाद के व्यक्तित्व का उद्धरण तथा राम लला का उल्लेख अलौकिक है।

सामाजिक विकारों जैसे अहम्, अहंकार, कमीशन की लालसा, व्याभिचार, भ्रष्टाचार, मर्यादा उल्लंघन और विभत्स कलयुग व सामाजिक गिद्ध जैसे बुराईयों और उसके निवारण की आवश्यकता सुन्दर रूप से प्रस्तुत की गई है।

ओज और देशभक्ति की आवश्यकता बताकर तथा नौनिहालों को प्रोत्साहन देकर कवियित्री ने मातृभूमि की रक्षा और उत्थान के लिए स्वरनाद किया है।

यह पुस्तक उद्गारों और ललकारों से सजी एक पोथी है जो कविता के माध्यम से कुछ शब्दों में ही प्रस्तुत की गई है। स्त्री की गरिमा, सामयिक विषयों, सामाजिक आवश्यकताओं व विषमताओं, ओज, तेज एवं देश के उत्थान की ललकार को तारतम्य से प्रस्तुत करने व सबल भाषा में कुछ ही शब्दों में अपने भावों की प्रस्तुति के लिए श्रीमती रीना चौधरी का काव्य संग्रह प्रशंसनीय है और बधाई के योग्य है।

डॉ प्रभात कुमार

विशिष्ट वैज्ञानिक व भूतपूर्व अध्यक्ष सह प्रबंध निदेशक, भाविनी, भारत,

भूतपूर्व निदेशक, आईटर, फ्रांस

दो शब्द

समसामयिक स्थितियों से रूबरू होकर उसे कविता के माध्यम से व्यक्त करने की अभिलाषा जागृत हुई। तत्पश्चात् उसे कलमबद्ध करने का प्रयास किया। संकलित रचनाओं को कविता संग्रह "विविधा" के रूप में आपके समक्ष प्रस्तुत कर रही हूँ।

बहुत सारी रचनाएँ विभिन्न पत्र-पत्रिकाओं में प्रकाशित भी हो चुकी हैं।

यह मेरी पहली पुस्तक है अत: इसे प्रथम पुज्य भगवान गणपति की अराधना से प्रारंभ की गई है। लेखनी की प्रवाह सतत् बनी रहे अत: लेखनी की अधिष्ठात्री माँ सरस्वती को नमन किया गया है। प्रकाशन की प्रक्रिया से गुजरते हुए सुधी पाठकों तक यह पुस्तक निर्विघ्न रूप से पहुँचे अत: निर्माणकर्ता भगवान विश्वकर्मा की आराधना की गई है।

इस पुस्तक में परिवार का महत्व एवं नारी शक्ति को दर्शाने का एक प्रयास किया गया है। तदुपराँत नारी जीवन एवं उसकी दशा दर्शाने की एक कोशिश की गई है। चौथे अंश में सामाजिक ताने-बाने को उद्धृत करते हुए समाज को झकझोरने वाली घटनाओं का दर्पण आपके समक्ष प्रस्तुत है। ओजपूर्ण रचनाओं के रूप में अपनी अभिव्यक्ति आपके समक्ष रख रही हूँ। अंत नें अपने यशस्वी प्रधानमंत्री के सम्मान में दो शब्द लिखने से स्वयं को रोक न पायी।

मैं अपनी पहली पुस्तक "विविधा" आपके समक्ष प्रस्तुत कर रही हूँ। सुधि पाठकों से अनुरोध है कि अपनी प्रतिक्रियओं से मेरी लेखनी को संबल दें ताकि मेरी लेखनी सतत् आपके समक्ष आती रहे।

रीना चौधरी

कृतज्ञता

किसी भी कार्य को संपादित करने के लिए परवरिश और वर्तमानिक परिवार का बहुत बड़ा योगदान होता है। मैं ईश्वर का धन्यवाद करती हूँ कि मेरी परवरिश एक सुशिक्षित परिवार में हुई, जहाँ मुझे कलम की महिमा सिखायी गई।

परिवार के प्रोत्साहन से व्यक्तित्व का निर्माण होता है। दीदी श्रीमती रेणु दास से शब्दों को सजाने की प्रेरणा मिली। मेरे बड़े भैया डॉ जितेंद्र कुमार दास और बड़े जीजाजी माननीय श्री अजीत कुमार दास जी के दिए प्रोत्साहनों से मेरी लेखनी को हमेशा बल मिला।

मेरी पुस्तक को साकार स्वरूप में लाने का श्रेय मेरे पतिदेव श्री मदन कुमार चौधरी साथ ही बिटिया डॉ वागीशा को जाती है, जिन्होंने मेरी रचनाओं को सहेजा और बाहरी दुनियाँ से मेरी रचनाओं का परिचय करवाया।

मैं आदरणीय श्री सुरेन्द्र शैल जी (मेरे साहित्यिक मार्गदर्शक), डॉ बी के कर्णा एवं श्री प्रकाश कुमार दास जी का आभार व्यक्त करती हूँ जिन्होंने मुझे प्रोत्साहित कर लिखने के लिए प्रेरित दिया।

मैं आदरणीय डॉ प्रभात कुमार जी की आभारी हूँ जिन्होंने अपने व्यस्ततम समय में भी मेरी पुस्तक को पढ़ इसकी समीक्षा लिखी।

अंत में मैं Notionpress की आभारी हूँ जिसने मेरी पुस्तक "विविधा" को अपनी पुस्तक श्रृंखला में स्थान दिया और सुधी पाठकों तक पहुँचाने की भी व्यवस्था की।

सादर

रीना चौधरी

गणपति गणराज

हे गणपति गणराज,
विराजो हमरे घर में आज, विराजो हमरे घर में आज।।

थाल सजाये पूजा की,
कर रही तुम्हारी आस।
विराजो, हे गणपति गणराज, विराजो, हे गणपति गणराज।।

सिन्दूर दूर्वा, जपा, कुसुम संग,
मोदक है कुछ ख़ास।
विराजो, हे गणपति गणराज विराजो, हे गणपति गणराज।।

विघ्नों को तुम हरने वाले,
शिव गौरी के लाल।
विराजो, हे गणपति गणराज, विराजो, हे गणपति गणराज ।।

मेरी लेखनी चल सी गयी है,
खोल दो सारे द्वार।
विराजो, हे गणपति गणराज।।
हे गणपति गणराज, विराजो हमरे घर में आज, विराजो हमरे घर में आज।।

सरस्वती वन्दना

माँ सरस्वती, माँ वागेश्वरी तू,
माँ शारदे, माँ शारदे तू।
शब्दों की मज्जा में तुम हो,
भाषा की सज्जा में तुम हो,
लेखनी की लज्जा में तुम हो,
वाणी की श्रीजा भी तुम हो।।

हृदय में तुम हो, कर में तुम हो,
ज्ञान में तुम, विज्ञान में तुम हो,
संस्कार-आधार भी तुम हो,
जीवन के हर राग में तुम हो।।

सोच भी तुम, विचार भी तुम हो,
सुक्ष्म भी तुम, विशाल भी तुम हो,
ज्ञेय भी तुम, अज्ञेय भी तुम हो,
वेद भी तुम, वेदान्त भी तुम हो।।

वीणा के झंकार में तुम हो,
आलेखों के अलंकार में तुम हो,
शब्दों के धार-प्रहार में तुम हो,

लेखनी के अनुराग में तुम हो,
रीना की तारणहार भी तुम हो।।

माँ सरस्वती, माँ वागेश्वरी तू,
माँ शारदे, माँ शारदे तू।।

विश्वकर्मा भगवान

वास्तु कला के आदिगुरू तुम,
देव शिल्प भगवान।
सृष्टि के सृजनकर्ता तुम,
हो अभियंता भगवान।।

डमरू की रचना कर जग में,
बने नाद भगवान।
चक्र सुदर्शन दे विष्णु को तुम,
बने आयुध भगवान।।

सरस्वती की वीणा रच कर,
दिया सातसुरों का गान।
एक रात में रचकर द्वारिका,
कर्मठता का दिया प्रमाण।।

रीना की पुस्तक विश्व-विदित हो,
हर कर में पाये मान।
चाहूँ इतना ही वरदान,
हे विश्वकर्मा भगवान।
हे विश्वकर्मा भगवान।।

माँ

बड़ी अद्भुत होती है माँ,
बच्चा जब तंग करे,
तो खीज उठती है मां।

वही जब शांत हो जाये,
तो चिन्तित हो उठती है मां।
डांटना, पुचकारना,
पल में कर लेती है मां।।

ना जाने कैसे,
अथाह धैर्य की स्वामिनी,
होती है माँ।

भाभियाँ

माँ तो पूज्या है,
घर में जलता हुआ दिया है।
माँ ने घर की चाबी,
अब भाभियों को सौंप दिया है।।

भाभियों से ही अब,
मायका होता है पूरा।
उन्होंने सम्हाल लिया है घरबार,
करती हैं माँ का सारा काम पूरा।।

भाभियों से भाइयों का मान रहता है,
कुल का सम्मान रहता है।
भाभियों से ही मायका,
आबाद रहता है।।

मायके में क़दम धरते ही,
उद्गार भरी बाँहें,
भाभियों की ही होती है।
जो घर कभी था हमारा,
आज उसे,
भाभियों ने ही है सँवारा।।

भाभियाँ तो माँ की प्यारी होती हैं,
घर की किलकारी होती हैं,

ननदों की दुलारी होती हैं।
भाभियों की खनकती हँसी से,
झनकते पायल सेही,
मायके में झनकार रहती है,
ख़ुशहाली बेशुमार रहती है।
भाभियाँ तो मान होती हैं,
घर का सम्मान होती हैं।
कभी वह खिले पुष्प सी
"लिली प्रियदर्शनी" होती हैं,
कभी आनन्द बिखेरती,
"सुनन्दिता" होती हैं।।

प्यारी प्यारी भाभियों को
करती हैं समर्पित
चंद पंक्तियों में,
रेखा, रेणु अपना प्यार,
रीना, लीना अपना दुलार।।

आशीर्वाद हैं बेटियाँ

सारे जग को प्यार
और अपनापन,
देती हैं बेटियाँ।।

दिल को खुशी
और चेहरे को मुस्कान,
देती हैं बेटियाँ।।

कंगन की खनक
और पायल की झनक,
सुनाती हैं बेटियाँ।।

अपनी खनकती हँसी से,
घर को स्वर्ग
बनाती हैं बेटियाँ।।

प्रेम लुटाती,
जीवन दायिनी सृष्टा
प्रकृति हैं बेटियाँ।।

माँगना उनकी प्रकृति नहीं,
सदा कुछ न कुछ,
देती हैं बेटियाँ।।

अब भार नहीं,
स्वयं हैं परिभाषित,
बुढ़ापे की, लाठी हैं बेटियाँ।।

अब कोई कुंठित नहीं,
पिता का अरमान, प्रकृतिदत्त
आशीर्वाद हैं बेटियाँ।।

ऐसे ही स्वीकार करो

सूना सूना सा लगता है,
कोई छेड़ो तार यहाँ।
सरगम की बातें हो कोई,
हो कोई मनुहार यहाँ।।

झंकृत कर दे मन को ऐसे,
कोई ऐसी बात करो।
खिले कमल अधरों पर जैसे,
ऐसा तुम अनुराग करो।।

दो अँखियाँ अब चार हुई हैं,
नयनों में संवाद करो।
दिल हारा है मैंने तुझ पर,
ऐसे ना प्रतिकार करो।।

है अटूट यह प्रीत की डोरी,
अब कोई ना गाँठ भरो।
जैसी भी हूँ तेरी ही हूँ,
ऐसे ही स्वीकार करो।।

घुट्टी में मिले संस्कार

मेरे काँधे पर रख कर बन्दूक़ चलाने वाले,
स्वयं को नायक कहते हो।

मुझ अबला पर घर बाहर का बोझ रखने वाले,
स्वयं को वाहक कहते हो।

भवसागर में मुझे धकेल, ख़ुद द्रष्टा बनने वाले,
स्वयं को पालनहार कहते हो।

रोम रोम से निकली मेरी चित्कार से बेख़बर,
परमेश्वर का, स्वयं को अवतार कहते हो।

घुट्टी में मिले संस्कारों से अभिभूत मैं,
तुम्हें पति परमेश्वर कहती हूँ।।

घर एक संस्थान

घर एक मन्दिर ही नहीं,
घर एक पाठशाला भी है,
घर एक पाकशाला भी है।

यहाँ केवल मनमन्दिर की,
स्वच्छता ही नहीं,
बड़ों का सम्मान और,
छोटों को दुलार की,
शिक्षा भी मिलती है।

घर तब विश्वविद्यालय,
बन जाता है, जब,
दादा-दादी, पोते-पोतियों,
का साथ मिलता है,
जब भाई, भाईयों का,
प्यार मिलता है,
तब,
सामाजिक, आर्थिक मूल्यों का,
संस्कार मिलता है।

लिखित नहीं,
मौखिक में ही,
सारा ज्ञान मिलता है,

घर तब पाकशाला बन जाती है,
जब, दादी से पोती को,
मठरी, अचार का ज्ञान मिलता है।

सरदी खाँसी होते ही,
घर औषधालय बन जाता है,
चोट लगते ही,
हल्दी, चूने का प्रेम लेप मिल जाता है।

घर में सिर्फ़ शारीरिक ही नहीं,
मानसिक सम्बल भी पाया जाता है,
यहाँ हर डूबते को बचाया जाता है।

पर अफ़सोस, परिवर्तन के दौर में,
घर का स्वरूप, सराय सा हो रहा है,
अब, सामाजिक, पारिवारिक सा,
कुछ भी नहीं,
बस एकाकीपन छा रहा है ।
समय रहते हमें सम्हलना होगा,
जीवन के मूल्यों को,
समझना और समझाना होगा,
आपसी सौहार्द बढ़ाना होगा,
विश्वविद्यालय पुन: बनाना होगा।।

हमें पंख मिले हैं

बड़ी तेज़ी से बदलती हुई,
तस्वीर हैं हम।
अब आँसुओं में भीगी हुई नहीं,
मुस्कुराती छवि हैं हम।।

कोख में चिर निद्रा सुलाओ नहीं,
कल की सृष्टा हैं हम।
माँ बेटी बहु या सखी ही नहीं,
तुम्हारी हम क़दम है हम।
यथार्थ की सही राह दिखाने वाली,
संगिनी हैं हम।।

अदम्य उत्साह और साहस की,
नई तक़दीर हैं हम।
धरती ही नहीं,
सातवें आसमान का भी सफ़र तय करतीं हैं हम।।

हाँ, हमें शिक्षा के पंख मिले हैं,
तभी तो उड़ान भरतीं हैं हम।।

दिल पर कोई बोझ न रखना

सिर पर चाहे बोझ रहे पर,
दिल पर कोई बोझ न रखना।
सुख दुख आयेगें दोनों पर,
पल दोनों को हाथ पे रखना।।

दिल से कर्म निभाना है पर,
कर्तव्यों का बोध भी रखना।
रिश्तों में रख पारदर्शिता पर,
काँच के जैसे उन्हें निभाना।।

अंहकार की एक चोट पर,
उन्हें कभी ना तुम चटकाना।
जीवन पथ है कठिन बड़ी पर,
सम्हल इसी पर हमें है चलना।।

चाहे कोई बात रहे पर,
प्रकट उसे भावों से करना।
दिल में कोई बात दबाकर,
अन्दर अन्दर कभी न गलना।।

चाहे कुछ भी हो जाये पर,
दिल पर कोई बोझ न रखना।
दिल पर कोई बोझ न रखना।।

अनुपमा

अनुपमा अनुपम अलंकारों से सुसज्जित,
जब फेरो पर आयी थी।
चित चंचल चकोर मन मेरा,
नजर नहीं हट पायी थी।।

पाँव पाजेब पहन गुड़िया सी,
झमक झमक झमकाई थी।
मन मुदित मुस्कान ही बरबस,
मेरे मुख पर छायी थी।।

विवाह विदाई विकट रीति है,
पर उसने भी निभाई थी।
माँ मायका मोह छोड़कर,
मेरे संग वह आयी थी।।

मन भावन नीड़

दूर सुदूर नीलाभ गई थी,
रक्त क्षितिज के पार गई थी।
पंख पसारे झूम रही थी,
तारे गण को चूम रही थी।।

साँस की डोरी तान रही थी,
नदी पर्वत को लाँघ रही थी।
मुट्ठी में सब जान रही थी,
बादल झूला मान रही थी।

मन उमंग से भरा भरा था,
पग धरती पर नहीं पड़ा था।
सपना सब साकार हुआ था,
खुद गुमान का भान हुआ था।।

अन्तहीन थी होड़ा-होड़ी,
पवन के संग थी हँसी ठिठोली।
जीवन में सब खुला खुला था,
विस्तृत नभ मन रमा-रमा था।।

याद तभी इक झोंका आया,
माँ ने मुझको था धमकाया।
ज़ंजीरों में जकड़ रखूँगी ,
नीड़ में तुमको पकड़ रखूँगी ।।

कुपित हुई मैं गुस्सा थी,
पर, माँ का ही तो हिस्सा थी,
माँ की बातें मान गई,
नीड़ ही जीवन जान गई।।

खुशियाँ है किलकारी है,
बन्धन खुले पे भारी है,
तिनका-तिनका चुन लायी,
नीड़ मनोरम मन भायी।।

आँचल

मन के सारे भाव
वह आँचल में ही रखती है,
सरकते आँचल को,
उसने बहुत सहेज कर सम्हाला है।
सकुचाई, शरमाई कहीं किसी ने,
देखा तो नही,
दोनों घरों की लाज उसे,
इसी में दिखती है।
मन के सारे भाव, वह
आँचल में ही रखती है,
सम्मान का भाव आते ही
सिर को ढक लेती है।
कर्मठता का भाव जगते ही
कमर में कस लेती है,
लजाती सकुचाती है तब,
दोनों कान्धों को ढक लेती है।
ममत्व का रस प्रवाह होते ही,
अपने अंश को झट
आँचल में ढक लेती है।
मन के सारे भाव वह,
आँचल में ही रखती है,
दुआ माँगती है तब,

आँचल फैलाती है।
जब कोई पीड़
नयनों में पिघलता है,
तब भी आँचल ही हाथ में लेती है।
ठंढ और धूप दोनों ही,
आँचल से हर लेती है,
मन के निश्चित भावों पर कई बार
आँचल में गाँठें भी भर लेती है।
मन के सारे भाव वह,
आँचल में ही रखती है,
हाँ,
मन के सारे भाव वह,
आँचल में ही रखती है।।

नवयौवना

नदिया सी बलखाती हो,
अल्हड़ सी मुस्काती हो।
गौरैया सी फुदक – फुदक कर
जाने किसे रिझाती हो।

तान छेड़ दी है जिसने,
क्या कोई मुरली वाला है।
थिरक थिरक अब अधरों पर,
क्या स्वर लहराने वाला है।

पंखुड़ियों सी लगती हो तुम,
मैं पराग बन जाऊँ क्या।
खुशबु खूब बिखेरती हो तुम,
मैं भँवरा बन आऊँ क्या।

फाग में घोली बोली तेरी,
मद मस्त बसंती लगती हो।
जाने कितनी बतियाँ कह दे,
अँखियो में है जादू क्या।।

दुष्यंत शकुन्तले

निर्जन वन आखेटक उपवन,
यहाँ कौन कामिनी आयी।
नयन विशाल ज्यों नीलकमल,
लट कपोल लपटायी।।

झीना झीना आँचल तन पर,
घाघर तृण उलझायी।
चार सखी संग पुष्प लोढ़ती,
कटि चन्द्रहास लहरायी।।

हिरणी जैसी भरे कुलांचे,
हिय दुष्यंत पुलकायी।
क्या यह कोई ऋषि कन्या है,
मन धीर कुँवर सकुचायी।।

तभी नाम शकुन्तले कर्ण भेदती,
चित धीर अधीर अकुलायी।
पग विकल हो चले उसी क्षण,
झट सखियाँ बीच में आयी।।

तिरछी नजर से देखे दोनों,
मन ही मन मुस्काये।
मन बेकल मन उद्यत है,
कब नयन चार हो जाये।।

शब्द

कहाँ से शब्द लाती हो,
इन्हें कैसे सजाती हो।
कहीं भंडार है तेरा क्या,
जो लाकर ढोल जाती हो।
ये क़िस्से है तेरे दिल के,
या ख़्वाबों को पिरोती हो।
कहो कैसे संजोती हो, कहो कैसे ये बुनती हो।
कहाँ से शब्द लाती हो, इन्हें कैसे सजाती हो।।

कहीं सागर है तेरा क्या,
जो मोती चुन के लाती हो।
ये सीपी हैं तेरे दिल के,
या बून्दो को पिरोती हो।
कहो कैसे संजोती हो, कहो कैसे ये बुनती हो।
कहाँ से शब्द लाती हो, इन्हें कैसे सजाती हो।।

कहीं है कल्पतरु तेरा,
जो नग़मे झाड़ लाती हो।
ये गुंजन हैं तेरे दिल के,
या कलियों को पिरोती हो।
कहो कैसे संजोते हो, कहो कैसे ये बुनती हो।
कहाँ से शब्द लाती हो, इन्हें कैसे सजाती हो।।

कहीं है आसमां तेरा,
जो तारे तोड़ लाती हो।
ये रश्मि हैं तेरे दिल के,
या किरणों को पिरोती हो।
कहो कैसे संजोते हो, कहो कैसे ये बुनती हो।
कहाँ से शब्द लाती हो, इन्हें कैसे सजाती हो।।

गुल्लक

मैं दौड़ती भागती,
लगभग हाँफती,
स्कूल से घर आयी,
सीधी माँ के पास,
माँ, दो रूपये दे दो,
चुन्नी को देने हैं,
माँ ने पूछा,
क्यों?
मैंने ठेले वाला चाट खाया,
माँ, बड़ा मज़ा मुझे आया,
माँ, रूपये दो, चुन्नी को देने हैं,
मेरे पास नहीं थे न, इसीलिए,
माँ ने झट दो के नोट दिए,
कहा,
सीधी जा, सीधी आ,
मैं दौड़ी,
गयी, आयी,
सीधी माँ के पास,
माँ ने पास बिठाया,
दुलारा, चुमकारा,
फिर पूछा,

जब पैसे नहीं थे,
तो ठेले पर क्यों गयी।
मैंने कहा,
मैं गयी नहीं,
चुन्नी ले गयी।
कहा,
कल पैसे दे देना,
पर मैंने आज ही दे दिए,
माँ ने कहा,
जो मेरे पास नहीं होते तो,
तू क्या करती,
माँ ने दोनों हाथों से,
मेरे चेहरे को थाम रखा था।
मैं एक टक उसे देख रही थी,
शायद उसे समझने की,
कोशिश कर रही थी,
अपने नन्हें से दिमाग़ पर,
ज़ोर दे रही थी।
फिर, माँ ने कहा,
जब पैसे न हो,
तो, उधार ले कर,
इच्छा पूरी नहीं करते,
पहले पैसे जमा करो,
फिर, कुछ करो।
समझ में आया,

भैया के गुल्लक का राज।
मैंने झट कहा,
माँ, मुझे भी गुल्लक ले दो,
माँ, मुझे भी गुल्लक ले दो।।

भैया के गुल्लक का राज।
मैंने झट कहा,
माँ, मुझे भी गुल्लक ले दो,
माँ, मुझे भी गुल्लक ले दो।।

हे कृषक तुम हो महान

हे कृषक तुम हो महान,
तुमसे ही जीवन का रसपान।
तुमसे ही जठराग्नि दीप्तमान,
तुमसे ही मिलता साँसों को त्राण।।

तू ही वसुधा का ज्ञाता है,
कण-कण का भाग्यविधाता है।
लहराये धरा का आँचल जब,
तुम पर ही जग इठलाता है।।

खग कलरव के कोलाहल संग,
खेतों में विचरण करते हैं।
कोयल की कूकों के संग में,
मन मेरे विहग बन उड़ते है।।

मन मेरा द्रवित हो उठता है,
जब कृषकाय तेरा तन दिखता है।
नयनों में नीर उमड़ता है,
उत्साह तेरा जब मरता है।।

जितने भी पर्व-त्योहार हुए,
सब हैं कृषक कार्य से जुड़े हुए।
तुम वेद पुराण आधार हुए,
सृष्टि के तुम अनुराग हुए।।

जब लहू, स्वेद बन जाता है,
तब जग एक निवाला पाता है।
वह उऋण नहीं हो पाता है,
पर मूढ़ समझ ना पाता है।।

धरती माँ के तुम हो प्राण,
तुमही हर चेहरे की मुस्कान।
तुम पर हमको है अभिमान,
हे कृषक तुम हो महान।।

मनोबल

गिर जाना कोई बात नहीं,
सँभल के फिर उठ जाना है।
गर्द मैल सब फूँक मार कर,
झटपट उसे उड़ाना है।।

बाधाये तो मिलेगी तुमको,
पार उसे कर जाना है।
दूर से उनको चिन्हित कर के,
मैदाने जंग में आना है।।

अपनी कमियों को भी देखो,
उन पर ग़ौर भी करना है।
एक एक कर उनको खुद से,
दूर तुम्हें कर देना है।।

मदद चाहिये अगर किसी की,
कुछ संकोच न करना है।
तुम कमज़ोर नहीं हो सकते,
दृढ़ विश्वास ये रखना है।।

मनोबल तनिक न गिरने पाए,
बस इतना ध्यान ही रखना है।
गिर जाना कोई बात नहीं,
सँभल के फिर उठ जाना है।।

समय को पहचानो

समय के पाँव होते हैं,

वह सरपट भागती है,

नदी-नाले, तालाब,

ऊबर-खाबर, समन्दर, पहाड़,

सभी को लाँघती हुई,

सीधी भागती है,

मानो पटरी पर दौड़ती हुई मेट्रो हो,

पल भर को रुकेगी प्लेटफ़ार्म पर,

जिसने भी दौड़ कर पकड़ लिया,

तो पकड़ लिया,

अगर रूक कर दमभर को भी साँस ली,

तो बस-गयी,

छूट गयी हाथ से,

इसीलिए रूको नहीं,

दौड़ते हुए साँस लो,

आजकल,

जो सोया सो खोया ही नहीं,

जो रूका,

सो भी खोया,

समय की चाल को सुनो,

समय की थाप को गुनो,

और फिर ऐसा चलो,

कि
समय भी दमभर को रूके,
तुम्हें, देखे
और कहे,
हाँ ! कोई है।।

प्रीत की डोरी

प्रीत, प्रेम और प्यार की डोरी,
अद्भुत है संसार की।
कृष्ण अधर पर सरस बाँसुरी,
धुन बजती है प्यार की।।

सुन कर राधा बावरी होती,
पायल की झंकार सी।
भँवरे भी करते हैं गुनगुन,
बतियाँ करते प्यार की।।

मधुर बयार बही मनभावन,
देती संदेशा प्यार की।
राधा कृष्ण की अनुपम जोड़ी,
जगत की तारणहार भी।।

राधे राधे कोई पुकारे,
कान्हा दौड़े प्यार से।
प्रेम की धुन पर हे नारायण,
आओ हमरे द्वार भी।।

प्रेम भरी थाली मैं रख दूँ,
विदुर सरीखी साग सी।

नाम तुम्हारा भजु हमेशा,
मीरा के अनुराग सी।।

प्रीत, प्रेम और प्यार की डोरी,
अद्भुत है संसार की ।।

जीवन

चार पहर का होता जीवन,
धूप छाँव से रंगता तनमन,
अनुभव ही है इसका अर्जन,
कर्मठता है इसका तपोवन ।।

कभी ये लगती तीखी मिर्ची,
कभी नीम सी कड़वी है,
कभी लगती गन्ने सी मीठी,
कभी अमियाँ सी खट्टी है ।।

बचपन तो है निर्मल निर्मल,
यौवन में फिर हलचल है,
फिर संघर्ष की लंबी सूची,
वयोवृद्ध फिर हरि भजन है।।

धन्य भाग्य हम अपना समझें,
मानव जीवन पाया है,
सत् कर्मों से झोली भर लें,
समझो यही कमाया है ।।

आया नया विहान

अलस भोर की दूर क्षितिज में,
स्वर्ण किरण की रश्मि रथ पर,
उदित हुए दिनमान,
आया नया विहान।।

कलरव के कोलाहल लेकर,
आँगन में उतरे हैं प्रिये खग,
दाना चुग, करते क्षुधा निदान,
आया नया विहान।।

रक्तिम गगन में सारे नभचर,
उड़ चले हैं करने विचरण,
बन गये हैं कर्मनिधान,
आया नया विहान।।

किसलय भी मुस्काते खुलकर,
भँवरे करते मधुर प्रणयपण,
करने आये हैं रसपान,
आया नया विहान।।

कानन पुलकित हैं वनचर से,
ढेरों हिरण कुलाँचे भरते,
वसुधा लगती नयनाभिराम,
आया नया विहान।।

है तिमिर नहीं, अब भोर की वेला,
नवजीवन मन हुलसित है अब,
हुआ है आत्माभिमान,
आया नया विहान।।

नव कामना

नया वर्ष है नयी उमंगें,
नयी किरण है नया प्रभात।
बीता वर्ष अति दुखदायी,
मिटी तमस की गहरी रात।

उज्जवल सी रश्मि है आयी,
लायी खुशियों की सौग़ात।
निर्भय होगा जग फिर अपना,
सुरभित होगें सबके गात।

नव ऊर्जा होगी स्पंदित,
हो संपादित छुटे काम,
नहीं रहेगी नीरवता अब,
मुखरित होगें आठो याम।

ऊषा

हर्षित सूरज बैठ गया है,
कंचनजंगा की चोटी पर।
अरूणित चादर भी उसने,
फैला दी है अवनि पर।।

चिड़ियों के कलरव भी देखो,
गूँज उठी है घाटी में।
रश्मि किरण भी लोट रही हैं,
हरीतिमा की माटी में।।

चरवाहे भी निकल पड़े हैं,
अपने गोचर के संग में।
पुलक पवन भी खेल रही है,
तरूवर के इस झुरमुट में।।

आदित्य किरण के आलिंगन से
पुष्प-पुष्प है खिल आयी।
ओस की बुंदे थिरक रही हैं,
देखो तृण भी मुस्कायी।।

दिन भी झट से चढ़ आया,
भानु भी कुछ गरमाया।
त्याग ऊषा की मधुर मृदुलता,
कर्मठता अब जग पर छाया।।

हमें भाता है शहर

रोज़ी रोटी की आस लिए,
हर कोई,
आता है शहर।
क्षुधा, लालसा बढ़ाता,
सपनों को,
बेचता है शहर।
चकाचौंध से अपनी ओर आकर्षित,
करता है शहर।
आपा धापी में अपनो से दूर,
करता है शहर।
फिर भी,
हर हाथ को काम,
देता है शहर।
हर मुँह को निवाला,
देता है शहर।
बिखरते सपनों को,
सजाता है शहर।
बुलन्दियों को छूने का एहसास,
दिलाता है शहर।
जीवन के अनेकों रंग,
दिखाता है शहर।
कभी खट्टे, कभी मीठे स्वाद,

चखाता है शहर।
भागता, दौड़ता, हाँफता,
फिर भी,
इतराता है शहर।
आज हर छोटे- बड़े की,
आवश्यकता है शहर।
इसीलिए तो हमें ख़ूब,
भाता है शहर।।

मैं भी प्रकृति हूँ (दिव्यांगता)

एक तड़प हूँ,
एक एहसास हूँ मैं।
ईश्वर की कृति हूँ,
हाँ, मैं भी प्रकृति हूँ।।

ईश्वर ने ही मुझे बनाया है,
दिल के क़रीब बिठाया है।
एक चीज़ लेकर उसने,
कई चीज़ों से सजाया है।।

देख नहीं सकती,
महसूस करती हूँ।
हर उस भाव को,
अच्छे-बुरे सद्भाव को।।

रंगो से अनभिज्ञ हूँ,
भूषित अन्तरदृष्टि हूँ।
पढ़ती हूँ मन के तरंगो को,
ना देखूँ सतही उड़ते रंगो को।।

मैं भी,
माँ के हृदय का हिस्सा हूँ,
उसके आँचल का क़िस्सा हूँ।

दूध के हर बूँद को जिया है,
धड़कते साँसों को महसूस किया है।।

सामान्य से अलग बनाया है,
दिव्यांग हमें कहलाया है।
ईश्वर ने, माँ, तुम्हें ही योग्य पाया है,
हमारे सिर पर तुम्हारा ही साया है।।

ईश्वर ने भी क्या खूब फ़रमाया है,
दिव्यांग में भी प्रकार बनाया है।
कोई शरीर से कमज़ोर है,
तो किसी को मंदबुद्धि बनाया है।।

नि:शक्त जन भले हों हम,
इतने भी लाचार नहीं हम।
हमारे अन्दर स्वयं ईश्वर समाया है,
दिव्य अंगों से देवगण सा सजाया है।।

काश, तुम समझ पाते,
यूँ न दूरी बनाते।
हम भी समाज की मुख्यधार हैं,
हम भी समानता के हक़दार हैं।।

महल

ऊँचे महलों की चाह में,
सुख चैन सब खोते हैं लोग।
भौतिक सुख चाह में,
अपनो को खोते हैं लोग।
ऊँची-ऊँची दीवारों में स्वयं को ही,
खोजते हैं लोग,
फिर,
अपनी ही प्रतिध्वनि सुन,
एकाकीपन में,
रोते हैं लोग।।

हँसी

जब-जब मेरे घर आना तुम,
गूँज हँसी की ले आना।
राग-द्वेष सब बाहर रखना,
हँसी ठहाके संग ही घुसना।।

इसकी-उसकी बातें करना,
मुझे नहीं अब कुछ भी सुनना।
दिल है तो ठोकर भी होगी,
उन्हें दराजों में ही रखना।।

मन की पीड़ा कलुषित करती,
झटक उन्हें आले पे रखना।
है जीवन तो उलझन होगी,
माथे पे कोई शिकन ना रखना।।

हँसी तुम्हारी मेरी निधि है,
मुख मंडल पे इसे छिटकना।
तेरे ठहाके मुझे प्रिय हैं,
दोनों हाथों इन्हें खरचना।।

ग़म भी तुम से घबराएगी,
हँसी, हँसी को खींच लाएगी।

हँसी-हँसी में बीते जीवन,
स्वर्ग वहीं तो बन जाएगी।।

जब-जब मेरे घर आना तुम,
गूँज हँसी की ले आना तुम।।

दीनता

रंग गोरा, मटमैला बना है,
बाल उजड़ कर जटा हुए।
राहु-केतु हैं दोनो जैसे,
आकर उस पर टूट पड़े।।

हाथ कटोरा लिए घुमती,
यौवन की दहलीज लिए।
विक्षिप्तों के चक्षु कैसे,
चिथड़ो पर हैं गड़े हुए।।

मात-पिता ना जाने कैसे,
बच्चों को हैं छोड़ दिए।
किस्मत का ही रोना रोते,
मन बुद्धी सब जड़ हैं हुए।।

हाथ पैर सब सही सलामत,
पर स्वाभिमान हैं मरे हुए।
कर्मठता नहीं लेशमात्र भी,
दीन का चादर ओढ़ लिए।।

सुरम्य ये पहाड़ियाँ

सुरम्य ये पहाड़ियाँ, सुरम्य ये पहाड़ियाँ,
ये ऊँची-ऊँची चोटियाँ, ये गहरी-गहरी खाईयाँ,
क्यों, ज़िन्दगी के रास्ते सी होती हैं प्रतीत ये।।

ये वृक्ष देवदार के, ये वृक्ष देवदार के,
गगन को चूमते हैं ये, ज़मीन से है दूरियाँ,
क्यों, दिल के अरमान सी होती हैं प्रतीत ये।।

ये झरझराते झरने, ये झरझराते झरने,
ज़मीन पर ये चोट कर, बनाती हैं गहराईयाँ,
क्यों, समय की मार की, तरह सी होती हैं प्रतीत ये।।

ये खिलखिलाती नदियाँ, ये खिलखिलाती नदियाँ,
बह रही है वेग से ज्यों, ले रही अंगड़ाईयाँ,
क्यों षोडशी सी, अल्हड़ो सी होती हैं प्रतीत ये।।

हरी-भरी ये वादियाँ, हरी-भरी ये वादियाँ,
कभी मन को सींचती हैं ये, कभी दे रही तन्हाईयाँ,
क्यों ज़िन्दगी के रंगो सी होती हैं प्रतीत ये।।
सुरम्य ये पहाड़ियाँ, सुरम्य ये पहाड़ियाँ ।।

यह कौन सी गहरी खाई है

बंजर ज़मीन सी है ललाट,
नहीं दूर-दूर तक कोई पात।
आँखों में पसरा शून्य विराट,
हर पल है देता जीवन घात।।

दाने दाने को जिह्वा तरस रही,
तिल-तिल कर जीवन सरक रही।
दो जन का जीवन अब नहीं रहा,
है तीसरे ने जग में क़दम धरा।।

जठराग्नि है जब धधक उठी,
हृदय में करूण पुकार मची।
कस कमर वो अब हुँकार उठी,
मजदूरनी बन अब हुई खड़ी ।।

चाहे हो जेठ की गरम दुपहरी,
या सावन की घनघोर झड़ी।
सिर पर ले भारी तगार वह,
चढ़ जाती मचान की ऊँची सीढ़ी।।

वह ऊँचे भवन बनाती है,
खुद फटी झोपड़ी पाती है।
जीवन का लेखा समझ इसे,
सन्तुष्ट स्वयं को पाती है।।

सुख- दुख के गहरे पाटो को,
वो कभी समझ नहीं पाती है।
इक से दिखते हैं लोग सभी, पर,
यह कौन सी गहरी खाई है।
यह कौन सी गहरी खाई है।।

तर्पण

वसुधैव में एक ही नगरी,
जम्बूद्वीपे भारत खण्डे।
जहाँ मिले पितरों को तर्पण,
कुश और जल से अर्घ्य मिले।
नमन करे पितरों को भी हम,
उनसे भी आशीष मिले।
चौबीस पक्षों की गणना में,
एक पक्ष पितरों को मिले।
है अनूठी भारत भूमि,
मिट्टी में संस्कार मिले।
वेद पुराणों की शिक्षा है,
सेवा से ही पुण्य मिले।
मिला सौभाग्य उन्हें ही जग में,
जिनको मात-पिता के चरण मिले।।

जितिया

पर्व अनेको भारत भूमि,
किन्तु जितिया अति भारी।
निर्जल रहकर पूजन करती,
मिथिला भूमि की नारी।।

सन्तति की उन्नति संवर्धन,
उनको लम्बी उम्र मिले।
माता करती है व्रत मुश्किल,
सन्तति कभी न ये बिसरे।।

नानी दादी पितरों को भी,
करती हैं वह जल अर्पण।
नारी दृढ़ता की शक्ति का,
है यह कितना गूढ़ समर्पण।।

खैरि तेल और खीरा अंकुरी,
झिंगनी पात पर चढ़ाते है,
संस्कृतियों का यह देश अनूठा,
चिल्ह सियार भी यहाँ पूजे जाते है।।

चर अचर सब हैं पूजित,
संस्कृति यही सिखाती है।
माँ माटी और नदिया सारी,
यहीं पे पूजी जाती हैं।।

कोविड-19: प्यार अनुपम

मुश्किल जब भी आती है,
हिम्मत संग में लाती है,
त्राहिमाम् है जग जिससे,
निपट रहे हैं हम उससे।।

लॉकडाउन के ढाल लिए,
मुश्किल हैं आसान हुए,
छोटे बड़े जीवन रक्षक को,
दिल से हमने प्रणाम किए।।

महीने भर हैं बीत गये,
सूखे रिश्ते भीग गये,
पहले भी हम संग में थे,
पर अपने-अपने रंग में थे।।

लॉकडाउन ने ये सिखलाया,
सारे रंग को घोल मिलाया,
बाहर की दुनियाँ छूटी तो,
सब को घर का काम सिखाया।।

रोटी, पिज़्ज़ा सब कुछ हमने,
मिलकर घर में खूब बनाया,
प्यार छुपा आँखों में था जो,
परिलक्षित हो बाहर आया।।

चार समय का खाना संग में,
पहले ऐसे कभी न खाया,
याद रहेगा यह पल हरदम,
मुश्किल घड़ी मे प्यार अनुपम।।

चार समय का खाना संग में,
पहले ऐसे कभी न खाया,
याद रहेगा यह पल हरदम,
मुश्किल घड़ी मे प्यार अनुपम।।

कोविड-19: स्वर्ग की अनुभूति

स्वर्ग उतरा है जमीं पर,
ख्वाब सा है दिख रहा,
देव भूमि सा अनुपम,
मातृभूमि सज रहा।

स्वच्छ जमीं है साफ आसमां,
स्वच्छ हवा बहती है सर- सर,
नदियाँ भी करती है कलकल,
वसुधा भी अब हँसती पल-पल।

नाच उठी है प्रकृति अब तो,
पशु पक्षी भी नाच उठे,
दो कौड़ी का जीवन है यह,
मानव भी यह मान चुके।

जीवन का सच समझा सबने,
अहंकार अब टूट गया,
सामाजिक दूरी से सबके,
मन का मैल भी छूट गया।

अब इक कोविड ही खतरा है,
यह भी जल्दी जाएगी,
अपनी तप रंग लाएगी, और
स्वर्ग धरा पर आएगी।।

मोबाइल

धूल पड़ी थी जिन रिश्तों पर,
निखर के अब वो आये है,
सुबह सवेरे सुप्रभात की,
झड़ियाँ वही लगाये है।।

सुख-दुख की हो चाहे बातें,
चाहे हो कोई मन की बात,
तनिक नहीं अब देर है लगती,
झट से हो जाती है बात।।

नहीं अकेलापन अब खलता,
सब लगते है अपने पास,
दिन भर उसको देखते रहते,
लगता है वह बेहद ख़ास।।

जादू की डिब्बी सा है वो,
अब रहता है सबके पास,
नाम अगर जो बूझ लिया तो,
कहने की है फिर क्या बात।।

सबल भाषा: हिन्दी

भारत के कोने कोने में,
भाषाएँ तो कई हैं सबल।
किन्तु हिन्दी अपनी है,
इसका स्थान है प्रमुख प्रबल।।

ह्रदयंगम है इसकी वाणी,
बोली इसकी है कोमल।
सचिवालय, विद्यालय में भी,
अब आयेगी ये भाषा अमल।।

गंगा की धारा सी है यह,
बहती सतत निश्छल, निर्मल।
बनना है विशाल समुद्र सी इसको,
पसरे खुशबू ज्यों भूतल।।

बयार पवन पर्वत सी है यह,
सिम सिम बहती है पल पल।
जलकण सी बस जाएगी यह,
हर जिह्वा पर कर कल कल।।

हमको है अभिमान यहाँ यह,
अब ना होगा कोई छल।
आज प्रतिष्ठित है जग में यह,
गाता इसको अब है हर दिल।।

जीनव पद्धति

महज़ नहीं यह धर्म है,
सत्य सनातन कर्म।
सृष्टि में सब समुचित हो,
सिखलाता जीवन का उत्कर्म।।

व्रत, उपवास, यज्ञ, हवन,
करता विज्ञान अब इसे नमन।
रहे ध्वजा इसकी गगन,
आये चाहे जितने अड़चन।।

अन्तर मन निर्मल करे,
आसन, ध्यान, योग स्वच्छन्द।
वायु चहुँ दिस शुद्ध करे,
शंख ध्वनि निर्द्वन्द्व।।

चक्र, त्रिशूल कर में धरे,
खड्ग, कटार के संग।
विघ्न करें निर्मूल सब,
रहे सुरक्षित धरा के सब अंग।।

भारत माँ के दो लाल

हिम किरीट दऊ लाल विराजे,
लाल बहादुर और गाँधी।
दोनों थे कृषकाय से छोटे,
थी क़द हिमालय सी ऊँची।।

थे विचार जो सतत् सलीला,
भारत को उर्वर था किया।
युवा मन को सिंचित कर के,
फ़सल ग़ज़ब का खड़ा किया।।

भारत माँ की बगिया महकी,
देशप्रेम की लहर चली।
जन मन को उत्साहित कर के
देसी सेना हुई खड़ी।।

एकजुटता के आगे पड़ गये,
फीके सब अंग्रेज़ी शान।
आंदोलनों ने रंग दिखाया,
हुए फ़िरंगी तब परेशान।।

दृढ़ विश्वास था अद्भुत उनमें
थे गुदड़ी के लाल भले।
घर-घर जाए अलख जगाया,
हर दिल के तब द्वार खुले।।

सत्य सनातन बही बयार फिर,
रघुपति राघव राजा राम।
मुट्ठी बन सब साथ हुए फिर,
जय जवान और जय किसान।।

फ़िरंगी को फिर जड़ से उखाड़
किया फेंक सीमा के पार।
है स्वतंत्र जो श्वास हमारी,
दिया उन्हीं का है उपहार।।

चुका नहीं सकते यह ऋण हम,
चाहे जितने वीर बने।
बस इतनी अरदास है उनसे,
सदा हृदय में रहें बसे।।

भारतरत्न डॉ. राजेन्द्र प्रसाद

अखंड ज्योति इक हुई प्रज्ज्वलित,
जिरादेई कुल धाम में।
प्रखरतेज़, प्रकाशपुंज वह अद्भुत
कायस्थ कुल अभिमान में।।

बने सहयोगी वह गाँधीजी के,
आन्दोलनों के प्रतिमान में।
किया पराजित आक्रांता फ़िरंगी,
दृढ़ निश्चित संग्राम में।।

कार्य कुशल अलौकिक क्षमता,
संविधान निर्माण में।
प्रथम पुरूष वह भारत माँ के,
सरल सुगम परिधान में।।

देशरत्न पा युग पुरूष सा,
नमते हम सम्मान में।
डॉ. राजेन्द्र प्रसाद सिरमौर बने हैं,
माँ भारती के इतिहास में।।

राम लला

दशरथ नन्दन राम लला हैं,
अवध पुरी निज धाम है।
कौशल्या सुत राम लला हैं,
जानकी वल्लभ राम हैं।।

भूमि पूजन आज हुई है,
कनक भवन निर्माण है।
जगमग जगमग ज्योति जली है,
दृश्य ये नयनाभिराम है।।

घृत दीपक हैं घर घर जलते,
महापर्व अब आज है।
दुख के सारे बादल छँट गये,
हृदय में बस उल्लास है।।

वर्ष पाँच सौ हमने बिताये,
लड़-लड़ कर संग्राम में।
विजय पताका आज है फहरी,
सरयू तट के धाम में।।

भारत भूमि जन्म लिये हम,
हमको यह अभिमान है।
राम लला की ज्योति हृदय में,
जलती सुबहो शाम है।।

यह आग है साहब

कहीं जंगल जलाती है,
तो कही दिलों को जलाती है।
कितने लंबे हाथ है इसके, कही भी फैल जाती है।

कही पेट्रोल जलाती है,
तो कही सब्जियाँ जलाती है।
यह आग है साहब, दामों को भी लग जाती है।।

मैं समझती थी, रोटियाँ ही सिंकती है इससे,
जलते हुए पेट को ठंडक पहुंचाती है।
पर नहीं जनाब !!
चूल्हे के साथ अरमानो को भी जलाती है।
यह हँसते खेलते घरों को भी जलाती है।।

काश ! अहम् को, अहंकार को जला पाती,
मरी हुई आत्मा, बिके हुए जमीर को जला पाती।
दौड़ते भागते, फैले असंतोष को जला पाती ।। काश!! काश!!

असर

यमदूतो ने सभा बुलाई,

ईश्वर के देश में,

मानवो के भेष में,

विषय बड़ा संगीन था,

हर कोई गमगीन था।

आलाकमान के आसन पर,

कोई और नही,

स्वयं यमराज आसीन था।

हुं हुं की स्वर ध्वनि से,

सभागृह गुंजायमान था।

यमराज का क्षोभ देखने लायक था।

अपने यमदूतो को,

मानवीय विचारों से ओतप्रोत पाया था।

बार बार धरा पर जाते है,

प्राणो को ले आते है।

भला कहाँ अनछुए रह पाते हैं।

एक यमदूत ने कहा,

महाराज,

यहाँ से धरती को देखो।

प्रलय के काले बादल छाए हैं,

समय हमारे अनुकूल ही आये हैं।

हम एक बार जाते हैं,

दस- दस को ले आते हैं,
और आप हमारी तनख्वाह भी नहीं बढाते हैं।
ये मानव जीवन का बीमा कराते,
मरने के बाद भी पैसे पाते हैं,
और हम, रीते ही रह जाते है।

नहीं कुछ तो,
हर जान के पीछे,
हमे भी कमीशन दे दो।
मेजो की थपथपाहट ने,
यमराज की तबीयत को नासाज किया।
वे उठकर जाने को हुए,
कि यमदूतो के नेता ने आगाह किया,
हम हड़ताल पर चले जाएंगे,
तो दसियों को,
क्या इंद्र से मंगवाएंगे !!!

लोकतंत्र का विनय

लोकतंत्र का मुखड़ा देखो,
मुरझाया सा उतरा-उतरा,
कर जोड़े वह खड़ा खड़ा,
कर रहा गुहार वह डरा-डरा।
मत हरो लाज मेरी संसद की...

वह है मेरी स्वामिनी,
अभिमानिनी, अर्धांगिनी,
संग उसके ही होता पूरा,
बिन उसके मैं रहूँ अधूरा।
मत हरो लाज मेरी संसद की...

व्याभिचार, भ्रष्टाचार से
तुम स्वयं कलंकित होते हो,
कठिनाई से बसी मेरी गृहस्थी की,
मेज कुर्सियाँ क्यों एक कर देते हो।
मत हरो लाज मेरी संसद की...

आचारसंहिता को रख ताख पर,
लगा बट्टा बापू की साख पर,
संसद को कर देते हो तार तार,
मैं रो पड़ता हूँ जार जार।
मत हरो लाज मेरी संसद की...

खड़ी है दुश्मन सीना तान,
खतरे में है मेरी जान,
आपस में न लड़ नादान,
याद जरा तू कर बलिदान,
पद विशेष का कर सम्मान,
मेरी यह विनती ले मान,
संसद की गरिमा पहचान।
संसद की गरिमा पहचान।।

माँ की पीड़ा

अभिव्यक्ति तक तो सही रहे,
पर मर्यादा क्यों भूल गये,
माँ की छाती पर कैसे तुम,
लात जमाए खड़े रहे।।

घुट्टी में तो मैंने तेरे,
संस्कार ही डाले थे,
द्रोह सरीखी बातें बोलो,
जाए कहाँ पर सीख गये।।

ग़लत नहीं हो सकते हो तुम,
चूक हुई है मेरी ही,
उँगली के पोरो पर अब तो,
जमा घटा मैं सोंच रही।।

दुख के नीर बहे नयनों से,
खुशियों में ना छलक सके,
शूल दिया यह कैसा तुमने,
हृदय भेद कर गड़े रहे।।

नाम कन्हैया मैंने तेरा,
बड़े जतन से रखा था,
देश द्रोह की बात करोगे,
सपने में ना सोचा था।।

घर में यह माहौल बनाओ

घर में यह माहौल बनाओ,
देश प्रेम का अलख जगाओ।
माताओं अब जग भी जाओ,
अपने लाल को तुम समझाओ ।।

मतिभ्रम हो गतिहीन हुए हैं,
उनमें सद्बुद्धि तुम लाओ।
उनके अन्दर ओज जगाकर,
उनको बस तुम दिशा दिखाओ।।

उनके अन्दर आग बहुत है,
उनके अन्दर लाग बहुत है।
ऊपर-ऊपर मैल जमीं है,
उनको बस तुम रगड़ हटाओ।।

दुश्मन ने भी भाँप लिया है,
आड़े हाथो उनको लिया है।
ना समझी में इन बच्चों ने,
उनका उल्लू सीधा किया है।।

रखना था जिनको ठोकर पर,
उनके संग ये हाथ मिलाये।
धिक् जीवन धिक्कार है जीवन,
मोल इन्हें अब तुम समझाओ।।

अचरज सा मुझको लगता है,
पानी क्यों है इनके रग में।
वीर सपूतों की गाथाएँ,
क्यूँ न, सुनायी थी बचपन में।।

देश प्रेम की ज्योति अगर तुम,
रख देती उन बाल सुलभ में।
गर्व हमें फिर होता उनपर,
होते न अश्रु, सजल नयन में।।

घड़ा तुम्हारा टेढ़ा क्यूँ है

घड़ा तुम्हारा टेढ़ा क्यूँ है,
चाक ज़रा तुम सही घुमाती,
अंदर बाहर हाथ लगाती,
धागे से फिर उसे उठाती,
ज़रा उसे फिर धूप लगाती,
भट्टी में फिर उसे तपाती,
फिर उसमें वो सुर आ जाती,
गर्व से छाती फूल सी जाती,
ज़रा उसे तुम हाथ लगाती ।।

प्रतिध्वनि

इक रोटी खाने को,
मेरी भूख मिटाने को,
चुन रही है मोती खेतों में,
पसरे अरमानों के रेतों में,
पर विशाल वो आँचल है,
सुख-दुख का निर्मल सागर है,
हर पल मेरा ही सोच रही,
मुझमें ही दुनियाँ खोज रही,
अपने पथरीले हाथों से,
मेरा जीवन वह सींच रही,
बन धरा वो मेरी, खड़ी रही,
जग के आगे वह अड़ी रही,
वह भेज रही शाला मुझको,
कहती, कुछ बनना है तुझको,
है विशाल गगन उन आँखों में,
दृढ़ता है उसकी साँसों में।
मैं डूब उतर फिर आता हूँ,
उसका ही आँचल पाता हूँ,
उसने ही पाला है मुझको,
उसने ही ढाला है मुझको,
उसका ही तो स्वरूप हूँ मैं,
दृढ़ता का उसके प्रतिरूप हूँ मैं,

कुछ बनकर मैं दिखलाऊँगा,
अपना स्थान बनाऊँगा,
चाहे मैं जितना जतन करूँ,
उत्साह मैं उतना और भरू
ऊबड़-खाबड़ पर पाँव धरूँ,
चाहे जिऊँ, चाहे मैं मरूँ,
टाँग खिंचने की आदी,
यह दुनियाँ हार न मानेगी,
पर अटल मुझे पाकर वह भी,
फिर स्वयं ही वो झुक जाएगी,
हूँ, आज भले ही गुदड़ी में,
कल लाल मैं ही कहलाऊँगा,
रस्ते हैं आज भले काँटों के,
कल फूल उन्हें ही बनाऊँगा।
माँ देख-देख मुस्काती थी,
अपने को गर्वित पाती थी,
आँखों मे तेज चमक सी थी,
बिजली सी एक तड़प भी थी,
माँ को यह विश्वास हुआ है,
मैंने तुझको सही गढ़ा है,
तुझमें जो यह धधक उठी है,
यह मेरी ही तो प्रतिध्वनि है,
आशीष तुम्हें मैं देती हूँ,
अपनी मंज़िल तू पायेगा,
कर क्षितिज को अपनी मुट्ठी में,
पहचान अमर कर जायेगा ।।

कलयुग का वीभत्स रूप

कलयुग ने क्या ख़ूब
अपना परचम फहराया है,
नायक की मौत पर
महाकाव्य बनाया है।
    विषयवस्तु के हर तिलस्म को
    उसने रंगीन बनाया है,
    रहस्य पर ख़ुलासा और
    ख़ुलासे पर रहस्य समझाया है।
घटनाक्रम को,
ऊपर-नीचे, दायें-बायें,
ख़ूब उलझाया है,
सुधी पाठक के
आकर्षण हेतु
तितलियों से रंग लेकर
जैसे तैसे सुन्दर
अर्धविराम लगाया है।
    अपने पसरे शब्दजाल के
    रसूखों से निर्मित
    हर क़ाफ़िये पे स्याह
    नुक़्ता भी आज़माया है,
    प्रत्येक सर्ग को उसने
    बड़ी कुशलता से सजाया है,

गहरे रंग से रंगा एक
जिल्द भी चढ़ाया है।
एक बार फिर कलयुग ने
विभत्स रूप दिखाया है,
अपना महाकाव्य लेकर
वह बाज़ार में आया है।।

गिद्ध

आज फिर गिद्धों ने
बदन को नोच कर खाया है,
अपनी क्षुधा मिटाने को
एक बेटी को निर्भया बनाया है,
और समाज, एकाध टिप्पणी कर
मौन हो जाएगा,
क्यों?
समाज को रौद्र रूप,
दिखलाना होगा,
सख़्त क़दम उठाना होगा।
जब तक गिद्धों के परिवार का
सामाजिक बहिष्कार न होगा
तब तक परिवार गिद्धों को पालेगा,
आज फिर एक वक़ील आयेगा,
केस को सात बरस लटकायेगा,
परिवार एड़ी चोटी का ज़ोर लगाकर,
वक़ील के लिए पैसे जुटाएगा।
और,
अपने गिद्ध को बचाएगा।
फिर क्यों न,
वह परिवार,
और वह वक़ील भी,
गिद्धों की श्रेणी में आयेगा।।

तुम नारी हो

अबला हो बेचारी हो,
क्यों कि तुम नारी हो,
नारी तुम आज भी नारी हो।

उन्नति की राह पर,
विश्व चाहे जितने भी हिल्कोरे खाये,
अपनी जीवन नैया में वो,
तुम्हे सिर्फ पतवार बनायेगा,
वह जानता है,
तुम्हारे बिना वो पार नहीं कर पायेगा।

समन्दर की लहरों सी इतराना चाहती हो,
नदियों सी बह जाना चाहती हो,
जमाने के साथ कदम से कदम मिलाना चाहती हो,.
पर क्या !
ये समाज बर्दाश्त कर पायेगा,
तुम्हारा खुलापन क्या वो सह पायेगा,
गाहे-बगाहे समझा ही देता है न,
रात-बेरात घुमा ना करो,
घर की शोभा हो, घर में रहा करो,
तुम क्यो नहीं मानती,
तुम आज भी नारी हो।

तुम्हारा अबलापन ही उसे भाता है,
आँसुओं में भीगा चेहरा,
अपने हाथों में भर लेना,
उसे खुब आता है,
तुम्हारे कान्धे पर रखकर बन्दूक,
उसने हर युग में चलाया है,
रण-कौशल स्वयं का दिखाना हो,
किन्तु, कारक तुम्हें ही बनाया है।

नारी सशक्तिकरण की ओर,
तुम्हारे कदम भले ही बढ़ रहे हैं,
पुराने विचार फिर भी आड़े पड़ रहे हैं,
तुम हमेशा से लड़ती आयी हो,
थक-हार कर सब सहती आयी हो,
फिर भी,
पुरुषत्व के आगे चुप्पी साध,
अस्तित्व से दरकिनार होना,
नियती यही सिखाती है,
आखिर तुम नारी हो।
तुम क्यों नहीं मानती,
तुम आज भी सिर्फ नारी हो।।

अब रोक न इन मतवालों को

अब रोक न इन मतवालों को,
सीमा पर इनको जाने दो।
कुछ रक्त बहाने हैं इनको,
कुछ शीश कतर कर लाने दो।।

बजने दो रणभेरी जरा,
गिन-गिन कर चिन्हित करने दो।
गीदड़ की चाल जो चलते हैं,
अब उनको सबक सिखाने दो।।

आदत है मुँह की खाने की,
अब तोड़ के मुँह को आने दो।
इन आतंकी छुटभैयों को,
अब वहीं काट दफनाने दो।।

जो आ गये पोथी वाले तो,
अब उनकी आँखे भी खुलने दो।
ध्वज में लिपटे न दिखते जो,
तो पोथी जला दिखाने दो।।

दम-खम देख हमारी सेना का,
दुश्मन को शीश झुकाने दो।

रण-विजय का दो आशीष इन्हे,
अब माथे पर तिलक लगाने दो।।

अब रोक न इन मतवालों को,
सीमा पर इनको जाने दो।।

कब तक मौन रहोगे

मौन रहो ना अर्जुन अब तुम,
नयनों में आक्रोश भरो।
है गांडीव तुम्हारे कर में,
भेद अरि के किले करो।।

कितना अब बर्दाश्त करोगे,
इतने भी ना धीर बनो।
हंदवाड़ा, कुपवाड़ा को ना,
अब अपनी तकदीर कहो।।

एक तरफ महामारी है यह,
एक तरफ यह आतंकवाद।
दो पाटो में पिसता देखो,
अपना प्यारा हिन्दुस्तान।।

आँखों को मंजूर नही अब,
वीर तिरंगे में लिपटा।
कूच करो ले हाथ में परचम,
दो अब दुश्मन को निपटा।।

हिम्मत तुझमें है पर्याप्त,
चक्र सुदर्शन तेरे साथ।
सुनो पार्थ! गांडीव उठाओ,
दुश्मन को अब कर दो साफ।।

ओ मेरे नौनिहालों

ओ मेरे नौनिहालों, ओ मेरे नौनिहालों

यह देश है तुम्हारा,

इसको गले लगा लो,

इसी माटी से मिली है,

तेरे बदन को मिट्टी,

नयनों को तुम झुकाकर,

इसका तिलक लगा लो।

ओ मेरे नौनिहालों, ओ मेरे नौनिहालों।।

यह वेदों की है भूमि,

यह देवों की है भूमि,

ये तीन रंगा परचम,

तुम गर्व से उठाकर,

जो तीन डग भी भर दो,

तो तीन लोक पा लो।

ओ मेरे नौनिहालों, ओ मेरे नौनिहालों।।

सब हौसला तुम्हारा,

निर्माण में लगा लो,

जितना ज़हर है मन में,

सब कंठ में समा लो,

माँ के चरण में अपना,

झट शीश तुम झुका लो।
ओ मेरे नौनिहालों, ओ मेरे नौनिहालों।।

है स्वर्ग से भी सुन्दर,
जननी तुम्हारी भूमि,
नहीं मृत्तिका ये केवल,
सम्मान है तुम्हारा,
इसके प्रति हो निष्ठा,
तुम स्वयं को यूँ ढालो।
ओ मेरे नौनिहालों, ओ मेरे नौनिहालों।।

वह प्रपंच रचाते हैं

बुद्धम् शरणम् गच्छामि का,
वह प्रपंच रचाते हैं।
शान्ति का ले मन्त्र हमीं से,
हमको युद्ध सिखाते हैं।।

    हिम से आच्छादित गिरी श्रेणी पर,
    रक्तिम कफ़न बिछाते हैं।
    गलवान की हिम धरा पर,
    तिक्त लहर फैलाते हैं।।

भूल गये वो बुद्ध की शिक्षा,
नाहक ही टकराते हैं।
हिम शिखर की तपस भूमि पर,
हमको वो उकसाते हैं।।

    नहीं चाहते युद्ध कभी हम,
    बुद्ध हमारे अन्दर है ।
    किन्तु रूग्ण ना हमें समझना,
    रौद्र हमारा शंकर है।।

हम भोले हैं, हम तपसी हैं,
पर हमही भस्म मसानी हैं।
जल थल नभ का ले त्रिशूल,
हम, चण्डी रूप भवानी हैं।।

नक़ली के तुम सौदागर हो,
कुछ भी शुद्ध न अपनाते।
धम्म को अपने भूल गये तुम,
आँख हमें हो दिखलाते।।

नेत्र खोल दें जो हम तीनों,
तुमको सबक़ सिखा देंगे।
दूरी हमसे करलो वर्ना,
तांडव हम दिखला देंगे।।

टंकार

रणभेरी की टंकार पर,
वीर अब प्रहार कर,
रण के इस विहान पर,
अब तू रक्तपान कर।।

अरि को कुचल के आना है,
अब और नहीं पुलवामा है,
हर बार जीत के आये हो,
तुम शौर्य के पर्याय हो।।

पट जाए धरा अरि गर्दन से,
और शीश तुम्हारा ऊँचा हो,
फख्र से छाती चौड़ी हो,
औ' स्वेद चमक नगीना हो।।

है दूर नहीं पेशावर अब,
लाहौरी मंज़िल अपनी है,
हर पाकिस्तानी नुक्कड़ पर,
लहराये तिरंगा अपना ही।।

जिस राह पर तू चल पड़ा,
अब वहीं पर रह अड़ा,
रीना बलइयां ले रही ,
वतन को नाज तुम पर है बड़ा।।

आज हमारी बारी है

सुन्दर रंग से रंगी पटल है,
जयकारों के नारों से।
हाथ-हाथ में सजे तिरंगा,
देश भक्ति के गानों से।
अद्भुत सा है सजा समां यह,
आज़ादी के नामों से।।

जाने कितने वीरों ने,
अपनी जां क़ुर्बान किये।
साँस मिले आज़ादी की हमें,
साँसें अपनी वार दिये।
हम चले तिरंगा लिए शान से,
उनके सपनों को साकार किये।।

अब आज हमारी बारी है,
उनकी क़ुर्बानी का सम्मान करें।
तनिक चोट भी लगे देश को,
ना ऐसा कोई काम करें।
महज़ नहीं यह नारा कोई,
ह्रदय से आत्मसात करें।।

अब भी सीमा के दुश्मन से,
हरपल हम हैं घिरे हुए।

ध्यान रहे की घर के अन्दर,
द्रोही एक न अब पनपे।
पैनी तीखी नज़र रखे हम,
आजु-बाजु हर चप्पे।।

अब विकासशील नहीं रहे हम,
विकसित देश हम आज हुए।
अवनि से अंबर तक अपने,
परचम ही है सजे हुए।
जगत करे सैल्यूट हमीं को,
विश्व गुरू हम आज हुए।।

नवल पथिक

नव वर्ष मुबारक हो तुमको,
नव वर्ष में नव नव कार्य करो।।

बन रही है दृढ़ नव धारणा अब,
है नयी योजना, नये नियम,
क्षणिक कठिन पथ लगता है,
नव ऊर्जा का संचार करो।।

छँट गये अंधेरे सारे अब,
पसरा प्रकाश है अखिल व्योम,
संकल्प प्रबल मन में ठाने,
नव कर्तव्यों का विस्तार करो।।

है भविष्य तुम्हारे काँधे पर अब,
हौसलों का अम्बार हो तुम,
इच्छा शक्ति के प्रखर पुत्र तुम,
नव भारत का उत्थान करो।।

फिर स्वर्ण चिड़ी बन जाएँगे हम,
अब नहीं यहाँ है कोई भरम्,
इतिहास स्वयं दोहराता है,
ओ, नवल पथिक विश्वास करो।।

नव वर्ष मुबारक हो तुमको,
नव वर्ष में नव नव कार्य करो ।।

गुजरात से दिल्ली

अग्निपथ पर चलते चलते,
कुन्दन बन कर आये है।
छवि ज्योतिमय चमक रही है,
इकटक नयन निहारे है।

दर्द भरी राहे थी उनकी,
पर धीरज भी साथ रहा।
चाहे जितने काँटे थे पर,
मन मे दृढ विश्वास रहा।।

पथ कर्तव्य का चुन डाला है,
चाहे जितना त्रास रहा।
प्यार मिला है सारे जग में,
घर में भी जयकार मिला।।

त्याग दिया घरबार भी जिसने,
देश रहा सिरआँखो पर।
श्रमिक बना फिरता है जग में,
विकास का परचम कांधो पर।।

मुट्ठीभर मतभेदी भी हैं,
वंशवाद के भेदी भी है।
सिंहासन की तड़प उन्हे है,
आँखों में भी जलन उन्हे है।

अंगारे हैं बिछा रहे,
राह में रोड़े अड़ा रहे।
किन्तु समय अब बदल गया है,
देश भी अब तो मचल गया है।
आतंकवाद का सिर कुचलेंगे,
अग्निपथ पर साथ चलेंगे।।

अच्छे दिन

अच्छे दिन आने वाले हैं,
अच्छे दिन आ जाएगें।
जन जन के चेहरे की मुस्की,
दल किसलय से खिल जायेगें।
लोकतंत्र फिर मुस्कायेगा,
संसद के दिन फिर जाएँगें।

अब आपस में रार न होगी,
आपस में तकरार न होगी।
पद विशेष का मान रहेगा,
सभा सदन वैचारिक होगी।
झट सटीक सा निर्णय होगा,
देश तड़ातड़ आगे होगा।
लालच की दरकार न होगी,
खट्टी मीठी डकार न होगी।

सन्तुष्टी का पाठ पढ़ेंगे,
मिल कर सारे साथ बढ़ेंगे।
नैतिकता और भाईचारा,
अगला नारा यही हमारा।
आतंकवाद का सिर मसलेंगे,
अंगद वाला लात धरेगें।

सीमा की गीदड़ भभकी पर,
गोली की बौछार करेंगे।
दुश्मन भी फिर काँप उठेगा,
दुम दबा कर मुँह को ढकेगा।

नदियों के दिन भी आएँगें,
वे फिर से पूजे जाएँगें।
निर्मल सी जलधार बहेगी,
कलकल-कलकल राग छिड़ेगी।

गाँव गाँव अब चमक उठेगा,
पुलकित नयन में नीर भरेगी।
घर के आँगन में अब लक्ष्मी,
अपने नन्हें पाँव धरेगी।

विश्व पटल पर अपना डंका,
फिर तो चारों ओर बजेगा।
माथा ऊँचा, चौड़ी छाती,
सकल विश्व घुटने टेकेगा।

ध्यान योग अपनाकर दिल से,
विश्व पुन: अब स्वस्थ्य बनेगा।
धरती क्या अब नील गगन पर,
अपना ही तो राज रहेगा।

जग कितना तब चौंक गया जब,
हमने अपना "मॉम" दिखाया।

मंगल की पावन भूमि पर,
अपना तिरंगा अब चमकेगा।

स्वच्छ साफ़ और सुन्दर भारत,
सपने जैसा देश बनेगा।
भारत माँ के जयकारे से,
आसमान नित गूँजा करेगा।।

नया इतिहास

सोने की चिड़िया बन जाये,
अपना भारत महान।
आओ मिलकर हाथ लगाये,
देकर मन और प्राण।।

छोटे बड़े सभी कल पुर्जे,
घर मे हों निर्माण।
स्वदेशी की ही बात करें हम,
देकर मन और प्राण।।

सात गगन या सात समन्दर,
दूर क्षितिज न मान।
कर मुट्ठी में सारे सपने,
देकर मन और प्राण।।

आओ मिलकर हम सब रच लें,
एक नया इतिहास।
हर मुश्किल आसान करे हम,
देकर मन और प्राण।।

इतनी सी शक्ति

हिम किरीट निज भाल विराजे,
सागर चरण पखारे।
सोन चिरैया बन के भारत,
जग में पुनः विराजे।।

स्वनिर्मित की बात करे अब,
स्वाभिमान अब जागे।
विपदा को अवसर में बदले,
हैं ये अटल इरादे।।

सही दिशा और कर्मठता से,
कदम बढ़ेगा आगे।
कठिनाई तो आएगी पर,
विजय को निश्चित माने।।

हर भारतवासी है तत्पर,
कभी प्रलाप ना करते।
विपदा घुटने टेक ही देगी,
एकजुटता के आगे।।

विश्व हमें है ताक रहा अब,
हमसे आस लगाये,
ईश्वर हमें दो इतनी शक्ति,
हम सबकी आस पुरायें।।

अश्वमेघ का घोड़ा

कलरव के कोलाहल देखो,
वाशिंग्टन के आँगन में।
भारत अपना छाया देखो,
विश्व जगत के प्रांगण में।।

पेशानी है चमक रही,
औ' सीना अपना चौड़ा है।
कदकाठी औ' चाल निराली,
अश्वमेघ का घोड़ा है।।

रिपु मूरख सब खीज रहे हैं,
किस्मत उनकी मारी है।
अब हिन्दुत्व का झंडा देखो,
विश्व जगत पर भारी है।।

सदियों हमने दंश है झेला,
आज हमारी बारी है।
भारत के पग अंगद जैसे,
अपनी दृढ़ता न्यारी है।।